ア	日本の動き	西暦
330　ペルシア帝国滅亡(ていこくめつぼう)	弥生文化(やよいぶんか)（稲作(いなさく)・鉄器(てっき)・青銅器(せいどうき)・弥生式土器(やよいしきどき)）　古墳文化(こふんぶんか)（前方後円墳(ぜんぽうこうえんふん)・はにわ） 小国家(しょうこっか)の分立(ぶんりつ)　邪馬台国(やまたいこく)の誕生(たんじょう)　大和朝廷(やまとちょうてい)の全国統一(ぜんこくとういつ)	紀元前(きげんぜん)350
◆　アショカ王(おう)インドをほぼ統一(とういつ)　仏教(ぶっきょう)を保護(ほご)		
221　始皇帝(しこうてい)、中国を統一(とういつ)して秦(しん)を建国(けんこく)　郡県制(ぐんけんせい)をしく		
202　劉邦(りゅうほう)（高祖(こうそ)）、項羽(こうう)を破(やぶ)って前漢(ぜんかん)を建てる		
141　武帝即位(ぶていそくい)　前漢(ぜんかん)の全盛期(ぜんせいき)をむかえる		
◆　司馬遷(しばせん)『史記(しき)』		
8　前漢滅亡(ぜんかんめつぼう)　王莽(おうもう)が皇帝(こうてい)となり新王朝(しんおうちょう)をひらく		1
25　後漢成立(ごかんせいりつ)　光武帝即位(こうぶていそくい)		
129◆インド＝クシャーナ朝(ちょう)カニシカ王(おう)即位(そくい)		
184　黄巾の乱(こうきんのらん)　後漢衰退(ごかんすいたい)		
208　諸葛孔明(しょかつこうめい)、劉備(りゅうび)を助(たす)けて曹操(そうそう)を破(やぶ)る		200
220　後漢滅亡(ごかんめつぼう)　三国時代(さんごくじだい)（魏(ぎ)・呉(ご)・蜀(しょく)）はじまる		
226　ササン朝(ちょう)ペルシア成立(せいりつ)		
265　魏滅亡(ぎめつぼう)　晋朝成立(しんちょうせいりつ)　280　晋(しん)が呉(ご)を滅(ほろ)ぼして中国統一(ちゅうごくとういつ)		
316　五胡十六国時代(ごこじゅうろっこくじだい)はじまる　晋(しん)滅(ほろ)び翌年東晋(よくねんとうしん)おこる		
320◆チャンドラグプタ1世即位(せいそくい)　インド、グプタ朝成立(ちょうせいりつ)		
◆　南朝鮮(みなみちょうせん)に百済(くだら)、新羅(しらぎ)おこる　北朝鮮(きたちょうせん)の高句麗強大(こうくりきょうだい)		
420　東晋滅亡(とうしんめつぼう)　宋建国(そうけんこく)（南朝(なんちょう)）		400
439　北魏(ほくぎ)（北朝(ほくちょう)）、華北(かほく)を統一(とういつ)　南北朝時代(なんぼくちょうじだい)はじまる		
485　北魏(ほくぎ)の孝文帝(こうぶんてい)、均田法(きんでんほう)を実施(じっし)		
◆　ヒンズー教(きょう)が成立(せいりつ)		
◆　南北朝(なんぼくちょう)の文化(ぶんか)さかえる		
◆　達磨(ダルマ)、インドから海路(かいろ)で中国(ちゅうごく)へ入(はい)る		
531　ホスロー1世即位(せいそくい)　ササン朝(ちょう)ペルシア全盛期(ぜんせいき)		
552　突厥帝国成立(とっけつていこくせいりつ)		
570◆ムハンマド生まれる		
589　隋(ずい)、中国を統一(ちゅうごくとういつ)　南北朝時代(なんぼくちょうじだい)終(お)わる		600

目　　次

アレクサンドロス	文・浜　祥子 絵・岩本暁顕	…………… 6
シーザー	文・浜　祥子 絵・永沢　樹	…………… 20
イエス・キリスト	文・浜　祥子 絵・岩本暁顕	…………… 34

アショカ	文 浜　祥子	絵 岩本暁顕	………… 48
劉邦と項羽	文 浜　祥子	絵 岩本暁顕	………… 50
司馬遷	文 加藤貞治	絵 岩本暁顕	………… 52
クレオパトラ	文 加藤貞治	絵 岩本暁顕	………… 54
諸葛孔明	文 加藤貞治	絵 岩本暁顕	………… 56
達　磨	文 加藤貞治	絵 岩本暁顕	………… 58
アッチラ	文 浜　祥子	絵 岩本暁顕	………… 60
読書の手びき	文 子ども文化研究所		…………… 62

せかい伝記図書館 2

アレクサンドロス シーザー イエス・キリスト

いずみ書房

アレクサンドロス
（前356—前323）

大帝国をきずき、東洋と西洋の文化が交じりあった、ヘレニズム文化をもたらした大王。

●マケドニアの王子

いまから2000数百年まえ、ギリシアの北の方に、古代マケドニアという国がありました。

古くから文化のさかえたアテネやスパルタにくらべてマケドニアは、まだあまり開けていない小さな国でした。

しかし、フィリッポス2世が王になると、強い軍隊をそだてあげ、ギリシアに攻めこんで領土をひろげ、しだいに強い国にしたてていきました。

そのマケドニアに、紀元前356年、王子として生まれたのがアレクサンドロスです。

「わしの立派なあとつぎができた」

フィリッポス王の喜びようは、たいへんなものでした。

息子が13歳になると、ギリシアから大哲学者アリストテレスが家庭教師として招かれました。

　かしこいフィリッポス王は、力が強いだけでは立派な王になれないことをよく知っていたのです。
　王子は城をはなれ、ミエザという静かな町でアリストテレスと過ごしました。
　わんぱくざかりの王子にとって、きむずかしい先生といっしょに暮らすのは、とてもにがてでした。
　しかし、勉強はいつも野外の木かげのベンチや、川のほとりで行なわれましたので、王子はしだいに学問の世界に心ひかれていきました。
　植物や動物、人間のからだなどに関する勉強が、アレクサンドロスはとくにすきでした。

こうして、3年の月日がたち、学ぶことの楽しさがやっとわかってきたころ、王子は城によびもどされることになりました。
「アレクサンドロスさま。あなたは将来、王となられるお方です。大きな理想を持つと同時に、どうか、こまやかな心づかいのできる人間になってください」
　アリストテレスの別れのことばが、16歳の王子の心に深くしみこみました。

●父の遺志をつぐ

　地中海の東に広がる大国ペルシアを征服するのが、フィリッポス王のかねてからの夢でした。
　そのためには、ギリシアをはじめ、まわりの国ぐにをしたがえ、味方をおおくしておかなければなりません。
　なんかいもくり返されるギリシアとの戦乱は、ペルシアに進出するためのステップ台だったのです。
「おまえも18歳になった。もう、このつぎの戦には加わってもいいだろう」
　父のことばに、アレクサンドロスはこうふんしました。
　そして、初めてのカイロネイアの戦いで、この若さあふれる王子は、めざましいはたらきをしたのです。
　父王は、たくましく成長した息子をみて喜びました。

「マケドニアは、おまえには小さすぎるようだ。おまえは、自分の力で王国をたてるがよい」

アレクサンドロスへの期待は、王の中で限りなくふくらんでいきました。

ところが、おそろしいことに、王は、マケドニアの貴族にとつぜん暗殺されてしまったのです。

フィリッポス暗殺の知らせが広まると、たちまち、ギリシアのあちこちに、むほんが起こりました。

父のあとをついで王になったアレクサンドロスは、まだ20歳でした。これからは、王として、マケドニアの軍を動かしていかなければなりません。

さっそく、父のかたみの名馬ブケファロスにとび乗ると、手むかう国ぐにむかって兵をあげました。
「ブケファロス！　行け！」
　ギリシアの古都テーベにとっしんしたアレクサンドロスの軍は、くるったように反乱軍におそいかかり、たった１日で町じゅうをすっかり破壊してしまいました。
　この勢いに、まわりの国ぐには、ふるえあがりました。
　そして、急にマケドニアのごきげんをとりだしたのです。アレクサンドロスは、それらの国を、ことごとく許すことにしました。王の心は、もうすでに宿敵ペルシアへとむいていたのです。
「父上、かならず、ペルシアをこの手の中におさめてみせます」

●わたしには希望が残っている

　前335年の秋から翌年の春にかけて、国じゅうが遠征の準備に忙しくあけ暮れました。
　３万5000の兵をペルシアまでひきいていくには、たいへんな費用がかかります。
　アレクサンドロスは、王家の財産をつぎつぎに売りはらって、その資金を作りました。
　けらいたちが、心配していいました。

「王さま。そんなになにもかも手ばなしてしまわれては、王さまのものが、なにひとつなくなってしまいます」

アレクサンドロスは、笑ってこたえたといいます。

「心配するな。わたしには希望が残っている」

このことばでもわかるように、アレクサンドロスは、マケドニア国とか、王家の将来については、あまりしんけんには考えていなかったようです。

その点が、フィリッポス王とは違っていました。

年老いたけらいたちが、あとつぎのことを案じました。

「いつ流れ矢がとんでこないとも限りません。結婚して、世継ぎをおつくりになってからになさってはいかがで

しょうか」
　遠征をおくらせるようにすすめましたが「戦いをまえに、のん気に結婚などしていられないよ」
　アレクサンドロスは、笑って、聞き入れようとはしませんでした。小さなマケドニアをはなれ、もっと広い世界に、アレクサンドロスの目はそそがれていたのです。
　前334年の春、いよいよ、アレクサンドロスの軍隊は、アジアにむかって進軍のラッパを鳴らしました。

●勝ち戦

　海をわたり、初めてアジアの地に足をふみいれたとき、アレクサンドロスは22歳でした。
　トロイの古戦場をすぎ、グラニコス川にさしかかると、とつぜんむこう岸にペルシアの大軍があらわれました。
　もう、夕やみがせまっています。
「王さま、川越えになれていないわが軍にとって、夜のしゅうげきはきけんです。きょうは、このまま、ここで夜をあかしては　いかがでしょう」
「なんぞ、これしきの川をおそれてたまるか。すすめ！」
　アレクサンドロスは、まっ先に、ブケファロスのたづなをとると、川の中に乗りいれました。
　ゆだんしていたペルシア軍は、あわててがけの上から

矢の雨をふらせてきますが、アレクサンドロスのものすごい勢いに、ついにはにげ出してしまいます。

マケドニア軍が勝利によっている間もなく、ペルシア王ダリウスは、すぐに援軍をひきつれ、イッソスの町にあらわれました。また、激しい戦いがつづきます。

いったん、ペルシア側が有利かと思われましたが、ここでも苦戦の末、アレクサンドロスは敵を打ち破ります。

ダリウス王は、きけんがせまると、家族やけらいたちを見捨てて、東へにげだしてしまいました。

ダリウス王の母親や夫人、娘は、ほりょとしてつかまりましたが、アレクサンドロスは、その人たちをたいせ

つにもてなしました。それで、ほかのほりょたちも、だんだんアレクサンドロスを尊敬するようになりました。

軍団は地中海にそって、さらに南に進み、エジプトにはいります。

長いあいだペルシアに苦しめられてきたエジプトの人たちは、アレクサンドロスをこころよく迎え、神さまのようにたたえました。

一行は、もてなされ、ナイルの河口でゆっくりからだをやすめました。

遠征の記念として、アレクサンドロスは、そこに港町をつくり、アレクサンドリアと名づけました。

アレクサンドリアは、いまでは世界的に重要な貿易港となり、アレクサンドロス王の名前を現在もとどめています。

● 大帝国の王となる

アレクサンドロスは、戦に強かったばかりではありません。アリストテレスが望んでいたように、心のこまやかな王でもありました。

兵士とともに、いつも、科学者、建築家、医者、美術家などをひきつれていき、戦いで荒れはてた町を、つぎつぎとたてなおしていったのです。そのとき、いちばん

たいせつにしたのは、いままでそこで暮らしていた人びとの習慣や生活を尊重しながら、ギリシアの文化を広めていくということでした。

　エジプトでたっぷり休息をとると、兵士たちはまた一軍となってペルシアにむかいました。

　思っていたとおり、ダリウス王は大軍を集めて、いまかいまかとアレクサンドロスを待ちうけていました。

　兵隊の数からいったら、とてもペルシアの大軍にたちうちできるはずがありません。

　しかし、敵は夜もねむらずにアレクサンドロスの軍を待っていたので、もう、だいぶまいっていました。

いっぽうこちらは元気いっぱいです。ガウガメラ平原での合戦は、たった1日で、アレクサンドロスの大勝利となりました。

　ダリウス王は、にげるとちゅう、自分のけらいに殺されてしまいました。

　これで、アレクサンドロスは、ペルシアの王にもなったわけです。いま、27歳の王の胸に、大きくふくれあがっていく夢がありました。

　マケドニアもペルシアも、そして、まだ知らない東の国ぐにも、全部ひとつにしてしまいたいということです。
（世界じゅうがひとつの国になって、同じ貨幣を使い、同じことばを話す。世界大帝国だ……）

　そこで、新しい帝国の首都を、バビロンにおくことにきめたのです。帝国の王は、大王とよばれました。

　野心は力となって軍隊をつき動かし、さらに東へと兵を進めていきました。

　大王の軍の通りすぎたあとには、いくつものアレクサンドリア市ができました。

　愛馬ブケファロスが死ぬと、そこには、アレクサンドリア・ブケファロスという町がつくられました。

　東へ東へと、アレクサンドロス大王をつき進めている力は、世界征服の夢と好奇心にほかなりませんでした。

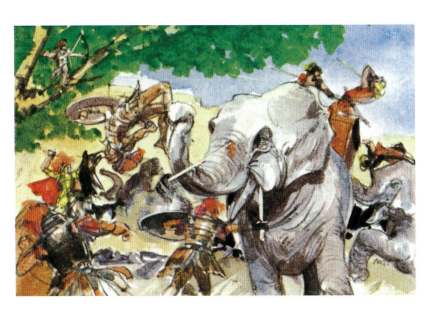

どこまで行けるか行ってみたい、戦ってみたい、自分をためしてみたいという強い気持ちからだったのです。

　ですから、アレクサンドロスは、いつもずっと先の、地のはての方を見ていました。

　しかし、けらいたちは、そうはいきません。ただ、忠実に王にしたがってきただけでした。

　インドのポロス王との戦いのあと、とうとうけらいたちは、ふまんをもらしはじめました。むりもありません。マケドニアを出て、もう8年になります。

「いつマケドニアに帰れるのかなあ」
「おれは、生き残って帰れないかもしれん」

「もっと東には、すごく強い部族がいるそうだ」

疲れはてた兵士たちは、それいじょう東へ進むことをいやがりました。

いくらえらい王でも、ひとりでは戦えません。アレクサンドロスは、やむなく兵をひきあげることにしました。

●バビロンに没す

帰りはみじめでした。

じりじり照りつける太陽。どこまでもつづく砂漠。

昼はからだをやすめ、日が沈んでから歩かなければ、日射病でたおれてしまいます。

食料がどんどんへって、おなかがすいてたまらないのに、食べ物どころか飲み水さえないのです。

人も馬も、力がつきて、たおれていきました。

ある日、やっと水を見つけました。ちょろちょろと岩かげを流れる水を、長いことかけて、やっとかぶとにいっぱいためました。

「大王どの、水でございます。どうぞのどをうるおして元気をおだしになってください」

さし出されたかぶとの水に、アレクサンドロスの、のどがごくんとなりました。

しかし、かぶとを受けとると、大王は焼けた砂の中に、

それを捨ててしまったのです。

「わたしだけが、かわきをいやすわけにはいかない」

けらいたちは、思わず大王のまえにひれふして、涙を流しました。

こうして、命からがらバビロンにたどりつきましたが、大王は熱病にかかり、あっけなくこの世を去ってしまいます。

大王によって征服されたエジプトからインドのインダス川におよぶ地域にできた大帝国は、大王の死後、いくつかの国にぶんれつしてしまいました。

大王の描いた夢は、大きすぎたのでしょうか。

シーザー

（前102ころ―前44）

古代ローマ帝国の基を作った勇気ある軍人政治家。
『ガリア戦記』などすぐれた著作を残す。

●ローマの共和政ゆらぐ

紀元前1世紀といえば、いまから2000年以上もむかしのことです。そのころ、ローマは共和政がしかれ、王様はいませんでした。

共和政というのは、国民の代表者たちが集まって政治を行なうしくみです。

死ぬまで議員でいられる貴族派と、選挙で平民のなかから選ばれた平民派があり、ローマは、いつも権力のうばいあいで争っていました。

ジュリアス・シーザーが、選挙に当選し、平民派の若い統領としてその名が知られるようになったのは、まだシーザーが20代のころです。

シーザーは、アレクサンドロス大王にあこがれていました。3大陸にまたがる大帝国をたてた古代ギリシアの

王です。つぎつぎと勝ち戦をかさねていく大王のはなしは、どんなに、シーザーの胸をおどらせたことでしょう。

32歳のある日、シーザーは、初めてアレクサンドロス大王の銅像をまぢかに見て、

「大王は、わたしと同じ年には、もうすでに世界を征服していた。わたしは、まだ何も世にほこるような仕事をしていない」

といって、なげいたということです。

その当時、ローマでいちばん勢力のあった軍人は、ポンペイウスでした。

地中海の東側の国ぐにを征服してからは、ポンペイウ

スの名は高まるいっぽうです。なかまの貴族派の人びとはこれをあまりこころよく思わず、ポンペイウスにつめたくあたりました。

　そこで、腹をたてたポンペイウスは、平民派にくらがえすると、若いシーザーと手を結びました。

　ふたりは、大金持ちのクラッススをなかまにひき入れ、貴族派にたちむかうために、スクラムを組んだわけです。

　3人の力は、しだいに貴族派をおさえつけ、ローマの政治を動かす中心となりました。

　これを「ローマの三頭政治」とよんでいます。

● チャンスをつかむ

　政治家として、シーザーはすぐれていました。

　しかし、人気の点ではポンペイウスにはおよびません。

　シーザーは、なんとかして、ポンペイウスのように軍人としてのてがらをたてたいと思っていました。

　そして、ついにそのチャンスがめぐってきたのです。

　ガリア征服の総指揮官。それがシーザーのつかんだ仕事でした。

　ガリアというのは、イタリアの北方からいまのフランス、ベルギーにわたる広大な地域です。そのころは、このあたりもまだ未開の地で、そこの住民たちがときどき

南下してきては、ローマをてこずらせていました。

　ここを平定すれば、これは大きなてがらになります。

　アレクサンドロス大王の勇かんな遠征を思いうかべながら、シーザーは出発の準備にとりかかりました。

　るすにするローマのことも、ちゃんと考えていました。娘のユリアを、30歳も年上のポンペイウスにとつがせて、政治的な結びつきを、がっちりかためておくことを忘れませんでした。

● ガリア遠征

　まず最初に攻め入ったのは、いまのスイスにあたる地

方で、そこの住民は、あっけなくこうさんしました。

住民を味方にして強力になったシーザー軍は、いちばんおそれられていたゲルマン人に戦いをいどみました。

シーザーの戦略はとてもめんみつで、攻めこんでいくときは、大胆です。危険な戦いのときは、いつも自分が先頭にたって、兵士たちを力づけました。

ついに軍はライン川を越え、苦戦のすえゲルマン人をうちやぶり、ローマの領土はしだいに北西へとのびていきました。

こうして、ガリア地方を完全に平定するまで、なんと8年もかかったのです。

この戦いのようすを、シーザーは『ガリア戦記』にくわしく書き残しています。

このあいだに、ローマではクラッススが死に、三頭政治は大きくゆらいでいました。

勝利につづく勝利で、日ましに高まっていくシーザーの名声。ポンペイウスは、気が気ではありません。

いまや、シーザーに対して、ねたみさえいだくようになりました。

そのうえ、妻ユリアが死んでしまったので、まるで、シーザーと自分を結んでいた1本の糸が、プツンと切れてしまったような気がしました。

　不安な心のポンペイウスに、またもや近づいてきたのが貴族派です。
「シーザーがもどってきたら、あなたの地位はあぶないですぞ」
「シーザーの指揮権を、いっそのこととりあげてしまったらどうですか」

●ポンペイウスのうらぎり

　シーザーの軍隊は、ルビコン川のほとりで夜営をしていました。
　川の水に、兵士のかこむたき火がうつって、ちらちら

とゆれています。
　勝利の軍隊をひきつれて、はなばなしくローマに帰国し、シーザーは、ひきつづき統領として政治を行なうつもりでした。
　ところが、ローマでは、それを許さず、すぐに軍隊を解散させるようにと命じてきたのです。軍隊をひきつれてローマにはいるのは、法律に反するというのです。
　ルビコン川は、ガリアと母国ローマとのさかいを流れている川です。流れに耳をかたむけながら、シーザーは一晩じゅう考えつづけました。
「ここで、おとなしく兵を解くべきか？ポンペイウスを敵として戦うべきか？」
　兵を解き、たったひとりのシーザーとしてローマに帰るなら、8年間のガリアでの苦労は、すべてむだになってしまいます。
　思いなやむうちに、夜はしらじらと明けてきました。
　忠実な兵士たちは、シーザーの号令を、いまかいまかと待ちうけています。
「よし！　さいは投げられた。さあ、ローマをめざせ！」
　馬のいななきとともに、いっせいにルビコン川をわたる兵士たち。ローマへ、ひたすらローマへ。
　いったん心を決めたシーザーに、まよいはありません。

　予想もしなかったシーザーの軍隊に、何の準備もしていないポンペイウス側は、あわてふためき、ローマからにげだしました。

　またたくまに、シーザー軍とポンペイウス軍との戦いは、地中海の全域に広がっていきました。

　いっぽうは長いあいだガリア戦できたえてきた強い軍隊です。敵はたちまち弱腰になり、ポンペイウスはやっとの思いで、エジプトにのがれました。

　しかし、それもつかの間、ポンペイウスは、あっさりエジプト王に暗殺されてしまいます。

　あとからエジプトに上陸し、むかしの友のむざんな首

を見て、シーザーは胸をつまらせました。

　この結末を知ったローマ市民は、シーザーをほめたたえ、そして、おそれました。

● 勝利者への道

　そのころ、エジプトは王の位をめぐって、プトレマイオス13世とその姉クレオパトラが争っていました。
　助けを求められたシーザーは、クレオパトラに力をかしますが、この美しい女性に、しだいにひかれていきます。50歳をこしていたシーザーですが、いくたびも命がけの危険をおかし、クレオパトラのために王位をうばいかえします。ふたりの恋は、のちに、芝居やオペラになって広く世界に知られるようになりました。
　やがて、ポントス（いまのトルコにあった国）の王がローマにそむいたという知らせがあり、休む間もなくシーザーは兵をあげます。その遠征のときの勝利の報告は、とてもかわっていたので、あとで有名になりました。
　それは「来た。見た。勝った」という、たった3語の短い手紙でした。
　その後さらに、アフリカ、スペインなどの、ローマに手むかう国ぐにをすっかりおさえこんで、やっとシーザーは、ローマにもどってきました。

　勝利者が帰ってきたのです。
　その、がいせん式（勝利者を迎える式典）は、たいへんなものでした。
　何十台もの花車、戦車、兵士、象の行列、そしていちばん最後には、各地のとらわれ人がつながれ、町じゅうを引きまわされました。
　いまや、シーザーは、だれもがみとめるローマでいちばんの権力者になったのです。

● 独裁者

　月桂冠を頭にのせたシーザーの手に、ローマのすべて

がにぎられていました。これは、ローマ史上はじめてのことです。これで、共和政は終わりをつげたのです。

しかし、シーザーは、ひとり得意になっていたわけではありません。ローマの人びとが共和政を強くのぞんでいることを、ちゃんと知っていました。そこで、共和政のいいところはそのまま生かし、悪い点は思いきり改めました。

そのほか、エジプトにならって、いままでの暦を太陽暦にしたことや、土木工事をおこして、仕事のない人を救ったことなどは、立派な改革でした。

やがて新しい年があけ、ローマが盛大な祭りでにぎわっていた日のことです。

シーザーが広場にすがたをあらわすと、何人かの人が、口ぐちにさけびました。

「われらの王さま」

「王さま！」

「王さま！」

この声に、シーザーは手をふってこたえました。

これを見ていた貴族派の人たちが、まゆをひそめたのはいうまでもありません。

「シーザーは、やっぱり国王になろうとしている」

「独裁者になるつもりなのだ！」

「このまま、ほうっておいてよいものか」
　こうして、シーザーを暗殺しようとする計画が、カッシウスという男を中心に、ひそかにねられ始めたのです。
　カッシウスは、ブルータスをなかまに引き入れようとしました。ブルータスは、シーザーのいちばん忠実な部下です。
「ひとりの人間のために、ローマの共和政がふみにじられようとしているんだぞ。ローマの自由を守るためだ。ブルータス！勇気を出せ」
　だんだん、ブルータスの気持ちがかたむいてきました。正義感が人一倍強いだけに、ほんとうに、シーザーがロー

マの敵のように思えてきたのです。

　シーザーが、また、東方遠征にでかける日が近づいていました。出発は、3月18日です。

　暗殺組はあわてました。

「チャンスは、3月15日の議会しかない」

　カッシウスは、ブルータスの耳にささやきました。

●運命の日

　前44年3月15日。議会のある日です。

　シーザーは、町で、うらない師に呼びとめられました。

「3月15日は悪い日です。お気をつけなさい」

「15日はきょうだよ。何ごともないじゃないか」

「はい。でも、15日は、まだ終わってはいません」

　うらない師のしんけんな言葉を、軽くうけ流すと、シーザーは笑いながらその場を去っていきました。

　議場に少しおくれてはいってきたシーザーのそばに、ひとりの議員が近づいてきました。

「あの……おねがいがあるのですが」

「何だね」

　シーザーが、いすにすわろうとしたとき、その男は、いきなりシーザーの衣服をつかみました。すると、それを合図に、短剣をふりかざした男たちが、いっせいにシー

ザーにおそいかかりました。
　40数人の敵の剣に対して、シーザーがにぎっているのは、たった1本のペンです。
　さすがの英雄も、これではふせぎようがありません。
　シーザーの衣服は、しだいに血にそまっていきました。
　おそいかかってくる敵の中に、わが子のようにかわいがっていたブルータスを見つけると、
「ブルータス、おまえもか！」
　とさけんで、シーザーはくずれるようにたおれました。
　シーザー、56歳。長い長い戦いの旅からローマにもどって、たった1年後のできごとでした。

イエス・キリスト

（前7～4ころ—30ころ）

人間を罪から救う道はただひとつ、神への信仰であると説いたキリスト教の開祖。

●マリアに宿った聖霊

いまからおよそ2000年まえ、地中海の東に面したユダヤの国に、マリアという娘がおりました。

マリアは、大工ヨゼフのいいなずけでした。結婚もまぢかなある日、マリアに聖霊がくだりました。聖霊というのは、神の心を意味します。

天の声は、マリアにいいました。

「神に祝福されたマリアよ。あなたは身ごもって、男の子をうむでしょう。その子をイエスと名づけなさい。子は立派に成長し、いと高き者の子とよばれるでしょう」

月がみちて、マリアは元気な男の子をうみました。

そのとき、まっかにもえる不思議な星が、空にあらわれたといわれています。

イエス誕生のうわさは、ベツレヘムの町に、たちまち

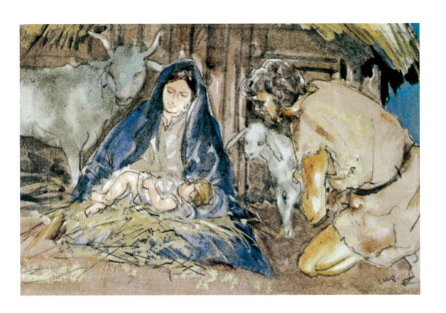

広がりました。
「神の御子がお生まれになったそうだ」
「やがて、ユダヤの王となられるお方らしい」
　このうわさを、こころよく思わない人がいました。
　ローマから任命されて、思いのままにユダヤの政治をおこなっていたヘロデ王です。
　うわさがユダヤじゅうに広まらないうちに、その幼子を殺してしまおうと使いを出しましたが、うわさの赤ん坊はなかなか見つかりません。
　そこで、ざんこくなヘロデ王は、ベツレヘムにいる2歳以下の男の子を、残らず殺すように命じました。

しかし、イエスは無事でした。

「その子をつれて、エジプトへにげなさい」という神のおつげにしたがって、ヨゼフとマリアは、イエスをだいてベツレヘムをぬけ出していたのです。

何年かして、ヘロデ王が亡くなると、親子はユダヤにもどってきました。ベツレヘムのずっと北の、小さな村ナザレに帰ってきたこの家族に、注意をはらうものなど、だれひとりとしていませんでした。

ナザレ村で、ヨゼフは大工としてはたらきました。イエスはそこで成長し、やがて、大工のしごとを手伝うようになりました。

●ユダヤの救い主

そのころのユダヤの国は、地中海とヨルダン川とのあいだにはさまれた、日本の四国ほどのせまい地域をさしました。イエスの時代には、そこを3分して北部をガリラヤ、中部をサマリヤ、南部をユダヤとよんでいました。

ユダヤはローマの植民地になっており、ユダヤ人はひどいくらしをしていました。

このひさんな生活からユダヤ国民を救い出して、しあわせを招いてくれるメシア（救い主）を、人びとはどんなに待ち望んでいたことでしょう。

　ちょうどそのころ、ヨルダン川のほとりに、ヨハネという預言者があらわれました。
「メシアがもうじきこられる。身も心も洗い清めて、おむかえしなさい。罪を悔い改めない者は、救われません」
　ヨハネはうったえ、人びとに洗礼をほどこしていました。洗礼というのは、神を信じたあかしとして、からだを水にひたして、罪を洗い清める儀式です。
　洗礼を受けようとヨルダン川の岸辺に集まった人びとの中に、30歳になったイエスがいました。
　順番がきて、イエスはまえに進みいで、川の水にからだをしずめました。そのとき起こったことを、『福音

書』は、こう伝えています。

　イエスが水の中から上がられるとすぐ、天がさけて聖霊が鳩のように自分にくだってくるのをごらんになった。すると、天から声があった。「あなたは、わたしの愛する子、わたしの心にかなう者である」（マルコ伝1の10・11）

　天の声を聞いたヨハネは、びっくりしてイエスをあおぎ見ました。イエスのするどい目の光にうたれて、ヨハネの全身ははげしくふるえました。

「あなたこそ、わたしたちが待ち望んでいたお方です」

　イエスは、しずかに人びとの群れから立ち去りました。

　そして、ナザレの村には帰らず、そのまま歩きつづけて、木や草が1本もない荒野に入っていきました。そこで、たったひとり、いっしんに祈りました。何も食べず、1滴の水も口にせず、40日間じっと座りつづけ、ひたすら神を思い、人間と神について考えをふかめました。

● 生まれかわるということ

　ふたたび人びとのまえにすがたをあらわしたイエスには、不思議なふんいきがただよっていました。なんとなく人をひきつけるものがあります。

　イエスは、ある村で人びとに語りかけました。

「みなさん、神の国は、すぐまぢかにあります。しかし新しく生まれかわらなければ、神の国を見ることはできません」

ひとりの老人が、イエスにききました。

「わたしは、こんなに年老いている。もういちど生まれかわることなんてできやしない。わしには神の国は見れんのだろうか」

イエスは、しずかにこたえました。

「生まれかわるのは、肉体のことではありません。心のことです。神の国というのは、心の生まれかわった人びとの住む国のことなのです」

「心が新しく生まれかわるには、どうしたらいいのかね」
別の男が、ききました。
「愛ぶかい神さまのような心になることです。神さまからつかわされてきたわたしのいうことを信じなさい。食べることや着ることやもうけることばかり考えていてはいけません。人の一生には、もっとたいせつなことがあるのですから」

イエスは、空の鳥を指さして、話をつづけました。
「ごらんなさい。あの鳥は、生きることにあくせく思いわずらってはいませんよ。でも、神さまは、ちゃんと鳥たちをやしなってくださっています。このユリの花をごらんなさい。明日、だれかに折られてしまうかもしれないのに、神さまは、こんなに美しく咲かせてくださっています。人間であるあなた方へ、神さまはどんなに良くしてくださっているか考えてみなさい。感謝の気持ちがわかないはずはありません。あなたがたを愛してくださる神さまのことを、いつも思ってお暮らしなさい。そうすれば、食べるものや着るものは、神さまがいつもみたしてくださるでしょう」

神はいつも人間の方に手をさしのべておられる。よびかけておられる。そのことに気づいて、人間がこたえれば、そこに神の国はあらわれるのだと、イエスはくり返

しました。
「あなたにいじわるをする者があれば、親切にしてあげなさい。あなたをばかにする者を祝福し、はずかしめる者のために祈りなさい。右のほおを打つ者があったら、左のほおも出しなさい。上着をうばいとる者には、下着も与えてやりなさい」

　話を聞いていた人びとは、あっけにとられてしまいました。こんな理くつにあわないことをきいたのは、生まれて初めてだったからです。

　しかし、おどろきは反省にかわり、やがてふかい感動をよびおこし、ひとりひとりの心に、明るい灯がともさ

れていくようでした。

● 愛のたたかい

　イエスの話をきこうとする人びとは、しだいにふえていきました。
　あるとき、中風でねたきりの老人が、イエスのまえに運ばれてきました。
　イエスは、やさしく病人に話しかけました。
「あなたの罪は許されたのですよ。あなたの信じるようになるのですからね」
　すると、どうでしょう。病人はみんなの見ているまえでとつぜん起きあがり、かぶっていた毛布を持ちあげると、神をたたえながら帰っていきました。
　見ていた人びとは、おどろきました。
「この方は、すごいことをなさる」
「いったいどういうお人だろう」
　目の見えない人、耳の聞こえない人に、イエスがそっとふれるだけで、目も耳もなおってしまうのです。
　イエスの評判は、村から村へ、町から町へと伝えられていきました。
　しかしイエスの人気をにがにがしく思っている人たちもいました。エルサレムの神殿を中心に勢力を張ってい

た宗教家たちです。かれらはパリサイ派とよばれ、ユダヤ教のきまりを守ることだけが正しいと考えていました。
「なんとか手をうたねばなるまい」
　イエスを亡きものにするには、罪におとしいれ、死刑にしてしまうことだと、パリサイ派の人たちは考えました。そして、そのきっかけを作るために、イエスの行く手に使いを出しました。
　いつも、イエスのまわりをとりかこんでいるのは、貧しくて世間から仲間はずれにされているような人たちばかりです。
　そのことをパリサイ派は、ひなんの的にしました。

「あなたは身分のいやしい罪びとたちと食事をしたりしてるが、それでもきよらかな方だといえるのか」

イエスは、すぐにこたえました。

「健康な人に医者はいりません。わたしがこの世にきたのは、心の病をなおすためです。罪ある人のためです」

ある人が、食事のまえに手を洗わなかったのを見て、パリサイ人は、イエスにさらにつめよりました。

「食前に手を洗わないのは、ユダヤのきまりに反している。それをあなたはとがめないのか」

イエスは、相手の顔をまっすぐに見ていいました。

「外から口に入るもので、わたしたちをけがすものは何もありません。口から外に出るものこそ、けがれのもとになるのです」

イエスは、ことばのことをさしていったのです。

相手はもうそれ以上なにもいえませんでした。

形式にばかりこだわって、心を忘れてしまっているパリサイ派の人を、イエスは悲しそうに見ていました。

● 十字架のキリスト

イエスの評判が高くなればなるほど、それをねたむ人たちのいやがらせは、日ましに強くなっていきました。

イエスは、自分の命がねらわれていることを知ってい

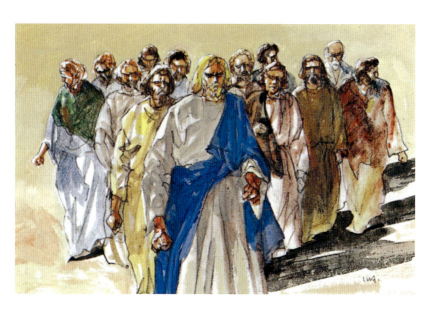

ました。そこで、12人の弟子たちに、神の使徒としてなすべきことを、しんけんに語ってきかせました。

そして、最後にいいました。

「これからエルサレムに行くが、わたしはそこでつかまえられ、殺されるでしょう。しかし、3日後にはよみがえります」

弟子たちにはイエスがなんのことをいっているのかさっぱりわかりませんでした。

エルサレムにやってくると、町は過越の祭りでにぎわっていました。遠いユダヤの祖先が、エジプトからのがれて、自由になった記念の日です。

イエスは、12人の弟子たちと、祝いの食卓についていました。

「このパンは、わたしのからだ。ぶどう酒は、人びとの罪が許されるためにわたしが流す血です」

そういって、イエスは弟子たちに、パンとぶどう酒をわけ与えました。

「わたしをうらぎろうとしている者がいる……」

いつのまにか、弟子のユダが、そこからすがたを消したことを、イエスは知っていました。

食事がすんでから、一行はオリブ山にむかいました。夜がふけると、イエスはたったひとり、祈るためにゲッセマネの園に入っていきました。

ユダに案内されてやってきた兵士たちに、イエスがつかまえられたのは、それから間もなくでした。

イエスは十字架にはりつけにされました。十字架のそばに、悲しそうな顔をした、ひとりの弟子と、母マリアが立っていました。ふたりにむかって、イエスは静かにいいました。

「ご婦人よ、となりにいるのは、あなたの息子です。若者よ、その婦人は、あなたの母です」

命の絶えるしゅんかんにいった、このイエスのことばは、後の世までも、たいせつにされてきました。マリア

が永遠の母として尊ばれ、イエスの信者どうしが、心の兄弟とみなされるのも、このためです。

イエスが墓にほうむられてから、3日後によみがえり弟子たちのところに、つぎつぎと姿をあらわした事実については『福音書』にくわしく記されています。

「3日後によみがえる」といったイエスのことばを、弟子たちは、そのときになってやっと理解できたのでした。

人間の罪が許されるように、身がわりとして死んでいったイエス。イエスを信じ、その愛の教えを人びとに広めようとしているのが、キリスト教です。

アショカ （前3世紀ころ　在位前268—前232ころ）

　紀元前3世紀のころ、インドは、たくさんの小さな国にわかれていました。このインドを支配しようとする3つの勢力があり、その中で、しだいに力を大きくしてしてきたのがマウリヤ家です。マウリヤ家の初代の王チャンドラグプタは、強力な軍隊をひきいて、西へ西へと進み、他の勢力をおさえつけ、ついに史上はじめてのインド統一に成功しました。

　マウリヤ帝国は、2代目のビンドゥサーラにひきつがれ、さらに領土を広げていきましたが、国家として、ゆるぎないものにしたのは、その子アショカです。

　アショカは、祖父や父と同じように、はげしい性格で、戦いがすきでした。王位を争って兄弟をつぎつぎと殺し、マウリヤ家3代目の王となったのは、紀元前268年ころのことです。

　マウリヤ帝国を引き継ぐと、役人の力を強くし、国の産業を中央でしっかりとにぎるようにしました。このため、富が王のもとに集まり、アショカの力は年とともに絶大なものとなっていったのです。アショカが王になってから10年間というもの領土を広げるための戦争は、たえずくりかえされました。

　この月日の中で、アショカの心には、戦争のむごたらしさが、しだいにしみこんでいきました。カリンガ国との戦いで10万人もの死者をまのあたりにしたアショカは「戦争はもうやめよう」と心に決めます。

　やがて、アショカは、仏教の教えにしたがい、王ひとりの富を願うのではなく、国の平和のための政治をこころざすようになりました。祖父の代からつづいてきた、きびしいきまりは、

思いきって改め、病院や養老院をたくさん建て、国民ひとりひとりの幸福を願う王として生まれかわったのです。

いまでも、インドの各地に「アショカの碑文」という、石でできた柱が残っています。アショカはこの柱に、人びとが守らねばならないことを刻みこみました。

たとえば、動物を殺さないこと。父や母をうやまい、友人をたいせつにすること。まずしい人や弱い人を助けることなどをわかりやすい文で石に刻み、人びとの目につきやすいところをえらんでたてたのです。

アショカは、国内にこうした教えを広めたばかりではなく、タイやビルマ（ミャンマー）、遠くはエジプト、ギリシアなどに使いを送り、仏教を広めるために力をそそぎました。「すべての国民は、みんなわが子」とのべたアショカは、国民の父として、マウリヤ王朝を作りあげたのです。

劉邦と項羽
（前256／247―前195）（前232―前202）

中国の秦王朝が栄えたのは、紀元前220年のころで、万里の長城を築いた始皇帝の勢いは絶大なものでした。

しかし、始皇帝が死ぬと秦は急速におとろえ、わずか16年で滅びました。そのきっかけになったのは、陳勝や呉広が起こした農民の反乱です。反乱は、秦の強い軍隊におさえこまれ6か月で敗れてしまいましたが、秦をたおそうという気運はますます広がりました。その先頭に立ったのが、劉邦と項羽でした。

劉邦は名もない農民の子で、沛というところに生まれました。百姓仕事が大きらいで友だちと飲み歩いては、新しい理想の国家論を論じあったりして青年時代をすごしました。そのご、地方の下級役人になったとき、陳勝らの反乱を知り、沛の農民によびかけて立ちあがったのです。

ちょうど同じころ、江南で兵をあげたのが項羽です。

項羽は、楚の国の将軍家に生まれましたが、両親が早く死んだため、おじの項梁に育てられました。楚国復興のチャンスをねらっていた項羽と項梁の二人は、陳勝らが秦にはむかったことをしると、ただちに8000人の兵をひきいて揚子江を渡り進撃を開始しました。

前208年、項梁が死に、そのご楚軍の中心になったのは、項羽と劉邦です。項羽は北から、劉邦は南路をとおって秦の都にせめ入ることになり、最初に都に入った方が王となる約束をかわしました。

およそ1年ご、劉邦はひと足先に関門をうちやぶり、都を占領しました。先を越された項羽は、劉邦を殺そうと考えますが、

相手が話し合いをもとめてきたので、それに応じました。この会見は、その場所の名をとって「鴻門の会」とよばれ、後の世まで語りつがれることになります。

そのご、項羽は軍を都に進め、秦王を殺し、宮殿に火をはなちました。その火は3か月にわたって燃えつづけ、秦帝国はあとかたもなく滅ぼされてしまいました。

秦の滅びたあと、項羽は「西楚の王」として、楚の国を復興しようとしましたが、劉邦の不満をかい、失敗におわります。

権力の座をめぐって、劉邦と項羽は、5年間も戦いをつづけましたが、項羽は、まわりを敵にかこまれて自殺しました。このとき恋人虞美人との別れを惜しんで作った歌は有名です。

前202年、ついに劉邦は皇帝の位につき、ここに漢王朝が発足しました。貧しい農民から皇帝の位についたのは、中国歴史の中で、明王朝の洪武帝のほかには、劉邦以外にあまりいません。

司馬遷 (前135ころ―前93ころ)

　司馬遷は、中国民族の歴史をつづった『史記』という130巻もある書物を完成させた、中国の歴史家です。
　遷は、周王朝からつづく史官の家に生まれました。史官は、歴史記録の作成や史料を保存したりするのが仕事です。歴史を正しく記すためには、暦を正しく読んだり、正確な文章が書けなければなりません。
　父の司馬談は、天文観測による暦をもとに、公式記録を記入する太史令という武帝につかえる役人でした。遷は父の職をつぐため、おさないころから古い時代の文字や古文を読むことを学びました。やがて成人した遷は、父と同じく武帝につかえ、全国を旅行しながら見聞と知識をひろめました。
　遷が26歳のとき、父は遺言をのこして病死してしまいます。
「孔子が『春秋』をあらわしてから、440年もたつが、そのあいだの記録がととのっていない。国が統一されたいま、書きのこすべきことがたくさんあるのに、何もできずに死んでいくのが残念だ。わたしの意志を、おまえが実現してくれ」
　この父の言葉で遷は歴史家になることを決意しました。
　2年ご、父のあとをついで太史令となった遷は、宮廷に秘蔵されていた戦国時代の記録や歴代の文書を読み、史料収集にとりくみました。そして『史記』の執筆にとりかかったのです。
　ところが『史記』を書きすすめていた遷に、不幸なことがおこりました。北方で匈奴と戦っていた李陵という将軍が、敵に降参して捕えられてしまったのです。怒った武帝は、李陵一族の処罰をどうするか、役人たちにはかりました、ほとんどの役

　人が刑をあたえるべきだというなかで、遷は「李陵が、少人数で敵の大軍をなやませた戦いぶりはみごとであり、最後に降伏したのはやむをえない」と李陵をかばいました。
　武帝は、遷の意見に腹をたてて、遷を牢屋にいれてしまいました。そして、性器を切りとるというたいへんきびしい刑罰をあたえました。こんなつらい刑をうけるのなら、いっそ死刑になったほうがましだ、と遷は思いました。でも「わたしが死んだら、いままで手がけてきた『史記』は未完成に終わってしまう。どうしても、これを書きあげて、後の世にのこそう」と生きる勇気をふるいたたせました。
　刑が終わって、ふたたび役人になった遷は、可能な限りおおくの資料を集め、こつこつと数千年におよぶ歴史を書きつづけました。そしてついに遷の生涯をかけた『史記』が完成したのです。『史記』には、遷の強い時代批判がつらぬかれています。

クレオパトラ (前69—前30)

　エジプトの女王クレオパトラは、その美しさで世界の人びとに知られていますが、外国語にもくわしい、教養のある女性でした。プトレマイオス王家をまもるために、ローマの武将とかかわり、最後には、自殺をするというはらんに富んだ人生を送りました。

　クレオパトラは、プトレマイオス12世の王女として生まれ、父がなくなった17歳のとき、弟とともに王位をつぎました。王家のしきたりにより弟プトレマイオス13世と結婚し、いっしょに国をおさめることになったのです。でも、二人はなかたがいをし、クレオパトラは弟に宮廷を追い出されてしまいました。クレオパトラが20歳の年、ローマ軍をひきいたシーザーが、エジプトへやってきました。クレオパトラはシーザーの力をかりて、弟の軍をやぶり、王位をとりもどしました。

　クレオパトラとシーザーは愛しあい、男の子をもうけました。クレオパトラ親子は、ローマに2年ちかく住みましたが、シーザーが暗殺されてしまったので、エジプトへ帰ってきました。

　シーザーが死んだのち、ローマで権力者になったアントニウスは、資金をえようとしてエジプトの財産に目をつけてクレオパトラに近づきました。クレオパトラも、王家を建てなおそうと考えていましたので、アントニウスと手をむすびました。そして、エジプトにとどまったアントニウスは、クレオパトラと結婚しました。ローマのもう一人の権力者オクタウィアヌスは、シーザーの養子で、アントニウスに捨てられた妻の弟です。アントニウスのふるまいに腹をたてたオクタウィアヌスは、

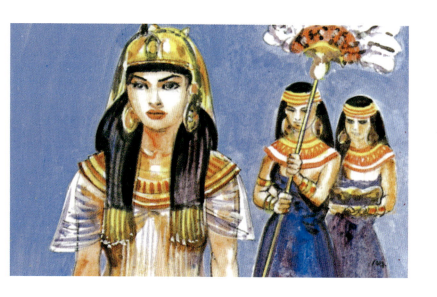

ローマ軍をひきいて、戦いをいどみました。紀元前31年、オクタウィアヌスの艦隊は、アクチウムの海戦で、クレオパトラとアントニウスの艦隊をうちやぶりました。

　クレオパトラとアントニウスは、エジプトの都アレクサンドリアに逃げもどりました。それを追ってオクタウィアヌス軍はアレクサンドリアに攻めこみ、都を占領して、城をとりかこみました。もうこれまでと、アントニウスは自殺してしまいます。追いつめられたクレオパトラは、オクタウィアヌスをゆうわくしようとしたり、エジプトとローマは、兄弟国としてまじわるべきであると説いたり、いろいろないいつたえがあります。しかし、オクタウィアヌスは、女王クレオパトラにたいしてつめたかったようです。クレオパトラは、毒ヘビに胸をかませて自殺しました。そして、300年つづいたプトレマイオス王朝はほろび、エジプトはローマに支配されました。

諸葛孔明 (181—234)

　中国は、3世紀にはいると政治がみだれ、あちこちで豪族や武将が勢力をきそい、あらそいがはげしくなりました。そのなかで曹操と孫権の二人が、強い力をもっていました。やがて、劉備も天下統一をめざしてたちあがります。

　劉備には、二人の強いけらいがついていました。でも戦略のうまいけらいがいません。国を建てるには、武力にくわえて知恵と知識のある人をみかたにすることがたいせつだと考えた劉備は、作戦のうまい人をさがしもとめていました。

　そんなとき、壌陽の郊外に、諸葛孔明というかしこい青年がいることを聞きました。さっそく、劉備は馬を走らせましたが、会えません。季節が秋から冬にかわって、ふたたび孔明をたずねました。このときも会えませんでした。草木がいっせいに芽ぶく春、三たびめの訪問でやっと会うことができました。

　劉備は孔明に、ぜひ力をかりたいと頼みました。孔明は、豪族の出身でしたが、戦乱をさけてひっそりと暮らしていましたので、なかなか承知しません。しかし、劉備が3度もむかえにきてくれたこと（三顧の礼）に感激して、孔明は、家臣になることをちかいました。

　劉備の期待にこたえて、孔明のめざましいかつやくが始まります。208年、荊州に攻めこんできた魏の曹操を、孔明は呉の孫権と手をくんでむかえうち、曹操を北に追いはらってしまいました。この戦いで、劉備は荊州を手に入れます。そのごも領土を広げ、蜀の国を建てました。

　そして、またたくまに蜀の国は、魏や呉とかたをならべるま

での勢力になりました。ここに中国全土を3つにわけてにらみあう、三国時代が幕開けとなったのです。

　221年、国の名を蜀漢国として、劉備は皇帝となり、孔明は丞相という地位を与えられました。皇帝になった2年ご、劉備は重い病気にかかり、子の劉禅を孔明にたくして亡くなりました。孔明は、幼い皇帝の劉禅をたすけ、成長するにしたがって軍を指揮する方法や政治のあり方を教えました。その教えは、『出師の表』に記されて有名です。

　234年、孔明は魏の大軍とむかいあった陣地のなかで、病死しました。うわさをきいた魏の大将仲達は、蜀漢軍を一気につぶそうとしました。ところが蜀漢軍は、少しもあわてず、整然としています。仲達はまだ孔明が生きていると思い、あわてて兵をひきあげました。孔明は、それほどすぐれた政治家でした。

達磨(ダルマ)(5—6世紀ころ)

　達磨は、5世紀から6世紀にかけての人だという以外、生まれた年も死んだ年もはっきりしません。確かな記録がないので、どのような人生を送ったのかほとんど不明です。禅を広めるために、中国へやってきた達磨は、遠いインドの人でした。禅とは、仏教の教えの1つで、ひたすら座りつづけ、心を静めるというきびしい修行をします。

　伝説によると達磨は、ある王国の第3王子として生まれ、少年時代から、えらいお坊さまについて仏教を学びました。数十年もの修行をつづけたのち、インドじゅうをまわって教えを説きますが、だれ一人として耳をかたむける人はいません。

　達磨は、新しい土地を求めて中国へわたりました。梁の武帝は、そのころ仏教を手厚く保護し、自らも熱心に道を求めていました。達磨を招いて、ほこらしげに話しました。「わたしは、寺をたくさん建て、お坊さまの生活のめんどうまで見ているのだから、たいそうなむくいがあるでしょう」

　達磨は表情を少しも変えずに一言「何もない」と答えました。同じ仏教でもすでに中国に広まっていた教えと、達磨の禅とはまるでちがいます。武帝がつづけて「この世で最高の教えとはどんなものか」とたずねると、達磨は同じように一言「そんなものはない」とそっけない返事でした。武帝は、とうとう怒りだして「あなたは、いったい何者ですか」とさけびました。達磨は、いささかもたじろがず「知らない」と静かに答え、その場を去りました。

　まだ禅が理解される時期ではないとさとった達磨は、魏の国

へ行き、嵩山の少林寺にこもりました。長い座禅修行に入り、「面壁九年」とよばれる伝説を残します。壁にむかい9年間も座りつづけ、教えをうけようとする僧がたずねてきても、全然相手にしませんでした。

　12月のある寒い日、慧可という若い僧がやってきました。いつものように達磨は返事もしません。慧可は夜どおし雪のふる庭に立ちつくし、朝をむかえました。雪にうずもれた慧可は、短刀をとりだして、いきなり自分の左うでを切り落とし、片手でそのうでをさしだしました。達磨は、慧可の決意をみとめ、弟子にむかえました。そして禅のすべてを説きあかしたということです。達磨の生涯は、ほとんど明らかになっていませんが、150歳でこの世を去ったといういい伝えがあります。

　インドに始まった禅は、やがて達磨によって中国に広められ、禅宗となって発展しました。

アッチラ （406ころ―453）

　4世紀のころ、中央アジアの大草原を自由に移動して遊牧生活をしていた一族がありました。トルコ系の遊牧民を主力とするフン族です。かれらは、がっしりした体つきと、あらあらしい性格を持ち、戦いをおこしては他の部族を征服して勢力を増していきました。弓矢とやりに、たくみな馬術をおりまぜたフン族の戦いは、むかうところ敵なしです。ついに375年、東ゴートを破って、ボルガ川とドン川の下流に住みつきました。とうとう、ヨーロッパに進出してきたのです。圧迫された西ゴート族は、ドナウ川の南にひなんしましたが、これが、ゲルマン民族大移動のきっかけとなりました。

　このフン族に、5世紀中ごろ、とびきり戦争じょうずな王が登場しました。アッチラです。大きな顔に低い鼻、ひっこんだ目をした色黒の小男です。ところが、ひとたび戦争となると、その目は光り、頭はめまぐるしく回転し、恐れを知らぬ大胆さで先頭に立って敵にむかっていったのです。軍をひきいるアッチラの右手には、いつも古い剣がにぎられていました。

「この剣は、神からさずけられたものだ」

　このアッチラのことばを疑うものはいません。そればかりかアッチラ自身も王位は神からさずかったと信じるほどでした。

　434年に、王になったとき、アッチラは兄のブレダと王位をわけていましたが、やがて兄を殺して完全にフン族をにぎる独裁者となりました。勇かんな戦闘とねばり強いとりひきで、つぎつぎと勢力をひろげ、ライン川からカスピ海におよぶ大帝国をつくったのです。

　441年、東ローマ帝国に対して、大がかりな攻撃を開始したアッチラは、446年にはテオドシウス2世をこうさんさせ、東ヨーロッパの支配者となりました。

　めざすは西ヨーロッパをにぎっている西ローマ帝国です。451年、ライン川を越え、大軍をひきいたアッチラは、オルレアンまでせめこみました。西ローマ帝国も強い同盟軍を編成し、両軍はセーヌ川のほとりで、はげしく戦いました。

　苦戦のすえ、おおくの死者をだしたアッチラの軍は、とうとう退却しました。無敵だったアッチラにとって、初めての敗北です。西ヨーロッパ征服に、あくなき執念をもやしたアッチラでしたが、453年その夢をはたすことなく急死してしまいます。

　アッチラの死とともに、大帝国もくずれ去りました。

　しかし、フン族とアッチラの強さについては、西ヨーロッパで、のちのちまで語りつがれ、文学にも残されています。

「読書の手びき」

アレクサンドロス

数々の物語の中に、主人公として登場するアレクサンドロスは、その国、その風土によって実にさまざまに姿を変えてきました。そして物語はしだいにふくれあがり、アレクサンドロスは、神の御子にまでまつりあげられてしまいます。民衆の心をこれほどまでにとらえたのは、単に強い征服者にとどまらなかった、大王の国籍などにこだわらないスケールの大きさにあったと思われます。それは、同時代人には正しくは理解されませんでした。侵略した国の風俗習慣に自ら進んで同化し、故国の武士と東国の娘を集団見合させるなどして東西の融合を図る大王には、もはや国境などなかったのです。大王の死によって、建設途上のヘレニズム王国は滅びました。しかし、大王の試みは国という枠を越えて、東西に開かれた新しい世界をつくり出しました。ヘレニズム時代は、大きな飛躍台となり、アレクサンドロスは、その節目として人類の歴史に深く刻みこまれたのです。

シーザー

シーザーが古代ローマの武将として、常に運を引き寄せ人生をきりひらいてきたのは、彼の「読み」の正確さでした。階段を上るように、ひとつひとつ地位を築いていくとき、彼の深い思慮と潔い決断がその推進力になっています。いちかばちかの選択ではありません。力の強いものが絶対の価値を有する時代に、文武を兼ねそなえたシーザーが時の英雄となったのは当然のことでしょう。『ガリア戦記』は当時のガリア人、ゲルマン人の研究には、欠かせない貴重な史料であるとともに、単なる記録を越えて、文学としても多くの人に愛読され、いっそうシーザーの名を不朽のものにしています。常に「読み」の正確なシーザーの人生に、たった1度の狂いがあったとすれば、ローマで最高の権力を手にした時、なすべき